LA SOLUTION

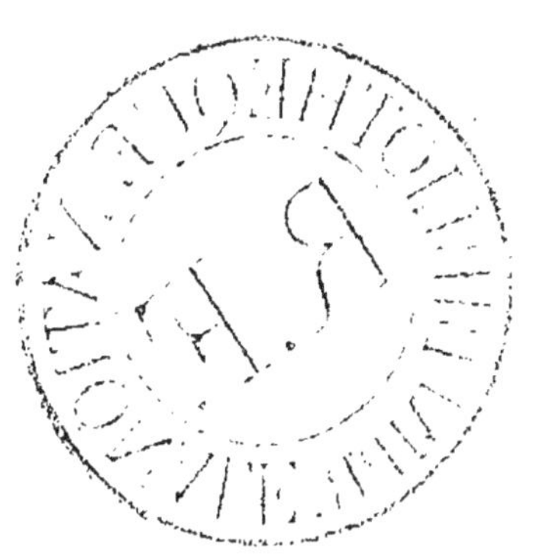

Imprimerie Henri et Charles Noblet,
rue St-Dominique-St G., 56.

LA SOLUTION

PAR

BARNABÉ - CHAUVELOT.

PRIX : 50 CENT.

PARIS

D. GIRAUD ET J. DAGNEAU, LIBR. - ÉDITEURS

18, rue Guénégaud (ancien 24).

—

1850

LA SOLUTION

I

Je me suis établi dans le calme et la paix, j'ai fait la solitude autour de moi... Pas un vent ne souffle du dehors sur mon âme tranquille, pas une passion ne trouble les jugements de mon entendement et n'agite les mouvements de mon cœur ; pas un parti pris, pas une sympathie politique n'incline, n'entraîne ma volonté. Je suis libre, entièrement libre ; je marche fièrement dans ma précieuse indépendance, sans regarder si, en passant, je froisse les passions des uns et si je chatouille agréablement celles des autres. Je ne dois rien aux hommes, excepté de la reconnaissance à ceux qui m'ont fraternellement secouru dans ma misère et consolé sur mon calvaire; je ne dois rien aux hommes, excepté la vérité..., et toujours ils me trouveront prêt à la leur dire.

Chaque jour, en prenant ma plume, je me rends cette justice, que tous les jugements que j'ai portés, et sur les hommes, et sur les choses de mon temps, sont sortis du plus profond de ma conscience. J'ai pu me tromper... Hélas! qui, dans la nuit affreuse que notre génération traverse, peut toujours se tenir dans la vraie route?.... mais j'affirme que jamais je n'ai menti. Quand l'étude, la méditation ont modifié mes principes et changé ma foi, je n'ai point un seul instant hésité à le déclarer. L'hypocrisie est un manteau sous lequel je ne me cacherai jamais. La loyauté n'est point une vertu pour moi, c'est un don du ciel; la loyauté est l'atmosphère naturelle de mon âme: si je changeais cette atmosphère, mon âme, comme une fleur plantée sous une latitude meurtrière, s'étiolerait, se dessècherait, et mourrait. Que j'ai souffert, cependant! que je souffre encore pour avoir obéi aux ordres impérieux de ma conscience! J'ai vu, pour avoir proclamé ce que je crois vrai, j'ai vu passer sur ma tête un fleuve de haine et de calomnie : on a attaché à mon front la flétrissure, l'ignoble épithète de *renégat*, de *vendu*... Mes amis ont passé près de moi sans me tendre la main... ils m'ont évité, comme on évitait, au moyen âge, un lépreux, un maudit.... La passion politique a fait le vide le plus affreux autour de moi... Un instant, j'ai vécu sans affection, sans amitié, sans camaraderie : aucuns de ces biens si précieux à l'âme sensible ne venaient me sourire dans ma misère et m'encourager dans mon travail. J'ai vu, chose horrible pour un cœur comme le mien! j'ai vu mes proches eux-mêmes s'éloigner de moi et maudire le lien du sang qui nous unit... Ah! je puis bien m'écrier comme le Psalmiste : Adolescentulus ego et contemptus ; *Je suis bien jeune, et je suis méprisé !* Mais si, comme le roi David, je pousse un cri de douleur, comme lui aussi j'entonne un chant d'espérance : JUSTITIA TUA, JUSTITIA IN ÆTERNUM, ET LEX TUA VERITAS ! *Ta justice, ta justice, Seigneur, voilà ce que j'attends; je ne reconnais d'autre loi que ta vérité.*

La vérité, rien que la vérité ! voilà ce que l'on doit attendre de moi : j'ai payé assez cher le droit de la dire tout entiére, puisque pour elle mon âme a été saturée de douleurs...

Que l'on n'attende de moi aucune de ces réticences hypocrites si chères à nos grands politiques : je n'aime point les détours, les ruses, les ambiguïtés, les voiles, les réti-cences, les obscurités, les pièges; je marche droit à mon but, j'expose clairement ma pensée, et je ne cache pas mes conclusions sous le vague de mes expressions à double sens. La prudence des entrepreneurs de *so-lution* déplaît à la franchise de mes allures : je ne ménage aucune issue pour fuir en cas de défaite. Je laisse aux sceptiques de notre époque la triste gloire d'imiter la conduite des augures de l'antiquité.

Retiré au plus profond de ma conscience,

caché, pour ainsi dire, dans le plus mysté-
rieux sanctuaire de mon âme, recueilli dans
une solennelle méditation, poursuivant avec
acharnement la vérité-sauveur, je m'inquiète
peu de savoir si mes conclusions seront ou
ne seront pas conformes à la Constitution qui
nous régit depuis deux ans ; seulement je
déclare de nouveau que ni la passion, ni la
haine, ni aucune influence étrangère n'ob-
scurcissent ma vue intellectuelle et ne me
poussent vers les régions de l'erreur. La vérité, quelle qu'elle soit, ne m'a jamais effrayé et
ne m'effraiera jamais. Les prairies desséchées
par les ardeurs d'un brûlant soleil ne désirent
pas les pluies rafraîchissantes avec plus d'ardeur que mon âme ne désire la vérité ; les
fleurs, au printemps, ne boivent pas la rosée du matin avec plus d'amour que mon
âme ne boit la vérité ; l'amant, à la vue de
sa belle fiancée, ne tressaille pas avec plus
de bonheur que mon âme à la vue de la vérité. Ah ! mille fois insensé serais-je, si je
préférais, aux grandes lumières de la vérité,
les éclats passagers de l'erreur !

Maintenant, que l'on croie ou que l'on ne croie pas à ma bonne foi et à ma sincérité, peu m'importe : j'obéis aux prescriptions de ma conscience, je fais mon devoir, j'accomplis ma mission, et j'espère en CELUI QUI EST.

II

Une solution ! une solution ! tel est le cri de la conscience publique alarmée, tel est le cri d'une société bouleversée jusque dans ses profondeurs. Une inquiétude immense plane aujourd'hui sur la France ; le ciel est noir, l'horizon devient de plus en plus sombre ; déjà mugit au loin la tempête ; le vent brûlant d'une démagogie terrible passe sur notre civilisation et menace de tout dessécher sur sa route. Tout ce qui travaille, tout ce qui est honnête et pur, tout ce qui demande l'ordre et chérit la liberté est enseveli dans le deuil et redoute l'avenir.

Le sol de la civilisation est labouré par des sociétés souterraines dont le but unique est la dévastation et l'incendie. De sourds craquements se font entendre et jettent l'effroi au sein des populations troublées. Tout,

autour de nous, est mobile et flottant ; le regard de l'observateur ne trouve rien de fixe,
rien de stable, rien de permanent : la foi
s'éteint peu à peu comme une lampe sans
huile ; les courages les mieux affermis chan-
cellent et tombent ; les âmes les plus fortement trempées n'osent projeter leurs re-
gards dans l'avenir. De grands évènements
se préparent ; la terre frémit dans une dou-
loureuse attente. Est-ce la vie, est-ce la
mort? Est-ce une transformation, est-ce
une décadence ? La France va-t-elle vivre,
accomplissant de glorieuses destinées, ou
va-t-elle mourir misérablement, après avoir
jeté quelques éclats passagers ?

A Dieu ne plaise que nous désespérions
de notre patrie ! A Dieu ne plaise que nous
ouvrions nos cœurs au désespoir ! Le désespoir est un linceul honteux dans lequel
nous n'ensevelirons jamais nos âmes ; nous
avons foi en la force de la patrie : nous la
croyons malade, il est vrai, mais d'une ma-
ladie passagère, et les grands efforts qu'elle
a déjà faits pour éviter la mort nous sont un

sûr garant de ce qu'elle peut faire encore.

Des hommes justement tourmentés à la vue de l'instabilité de notre ordre social ont cherché un remède aux maux qui désolent la France; mais la plupart d'entre eux ont plutôt consulté, dans cette recherche, leurs affections que l'état moral de notre société; aussi toutes les solutions qu'ils ont données ont-elles été frappées de stérilité.

Ces solutions, on nous les avait annoncées comme devant être de magnifiques constructions, de gigantesques palais, et nous n'avons vu que de pauvres barraques, que de misérables huttes. On nous avait promis des chênes aux vastes et frais rameaux, et nous n'avons rencontré que de rachitiques bruyères.

Les hommes d'Etat du *Constitutionnel* ont noyé leurs solutions bâtardes dans des flots de réticences qui peuvent faire l'admiration des vieux roués de la politique, mais qui dégoûtent les esprits prime-sautiers de notre temps.

La solution du *Constitutionnel* ne repose

sur aucune base fixe, sur aucun principe certain , sur aucune donnée évidente ; le scepticisme éclate à chaque mot : c'est dans leur tête que les rédacteurs du *Constitutionnel* ont puisé la solution qu'ils ont donnée, tandis qu'il fallait la chercher dans les entrailles mêmes de la société.

Nous devons cependant à la vérité de déclarer qu'au milieu des landes arides de cette solution se rencontrent quelques plantes vigoureuses. La conclusion , bien qu'elle ne découle pas des principes posés, nous semble juste et raisonnable.

M. de Lamartine aussi a chanté une solution : la brise du soir l'a emportée sur ses ailes, l'écho l'a redite à l'écho, et puis elle est allée mourir dans quelques nuages bleus.

Que dirais-je de la solution montagnarde ? Rien, si ce n'est que je trouve en elle le crime et la folie ! Les Montagnards, en hurlant une solution qui proclame l'anarchie et qui demande la spoliation, ont effrayé la France et ajourné le règne de la liberté.

Au moment où j'écris, les journaux la *Presse*, le *National* et le *Peuple*, agitant eux-mêmes cette grave question, se font une guerre mesquine à coups d'articles de la *Constitution*.

Nous comprenons parfaitement l'amour que les hommes du *National* portent à la Constitution, car cette Constitution est leur œuvre, leur espérance et leur point d'appui; mais ce que nous sommes loin de comprendre, c'est le dévouement que les rédacteurs du journal le *Peuple* affectent pour cette même Constitution. Tous les jésuites ne sont pas à la rue des Postes. Si les rédacteurs du *Peuple* étaient au pouvoir (Dieu préserve la France d'un tel malheur!), leur premier soin serait de brûler ce qu'ils adorent aujourd'hui.

Je n'ose pas entretenir mon lecteur des rapsodies de M. Emile de Girardin. Pour moi, M. Emile de Girardin est un floueur de renommée : ce publiciste rachitique n'est qu'un mauvais compilateur, qui n'a d'autre mérite que de savoir habilement flatter. Rhéteur sans foi, matérialiste éhonté, sceptique en religion comme en politique, ce petit homme gonflé de vanité eût pu être un rusé marchand, mais il ne sera jamais un homme d'Etat sérieux ; ses pasquinades politico-socialistes me font sourire de pitié.

III

Arrière donc toutes ces solutions, sans vigueur comme sans principes ! Arrière ces solutions où l'on ne sent point les frémissements de la vie ! où l'on rencontre, à chaque pas, les vestiges de la mort ! Ce n'est point un cercueil que je demande, c'est une plante vigoureuse que je cherche. Ces solutions stériles m'ont donné la mesure de l'ignorance et de l'imbécilité de notre époque. Dans ce temps de matérialisme grossier, on s'arrête aux superficies, on effleure l'épiderme, mais on ne descend point au fond des choses; on ne veut point, abandonnant les surfaces, fouiller dans les entrailles mêmes de l'humanité et surprendre la vie à sa source. Je ne vois que des rhéteurs, et pas de philosophes !

Pour moi, je demande à grands cris une

dictature puissante et énergique, une dictature anti-révolutionnaire.

Quand un peuple abandonne la voie de ses destinées, quand, emporté par la folie, il poursuit des rêves insensés ; quand il méconnaît la loi génératrice, quand il abdique sa mission, quand sa conscience est troublée, quand sa volonté chancelle, il faut que le pouvoir, cette providence sociale, veille sur lui, l'étreigne dans ses bras vigoureux, pose une borne à sa folie, et le replace dans les régions de la vie.

Je demande une dictature, car dans toute société la force de conservation doit être égale à la force de destruction.

Une vérité philosophique incontestable, car l'histoire la proclame depuis six mille ans, c'est que l'empire de la force matérielle grandit à mesure que celui de la force morale diminue. La moralité d'un peuple est le thermomètre de sa liberté.

Si tous les hommes étaient bons, moraux, religieux, dévoués, la nécessité de la force matérielle disparaîtrait entièrement. Quand, au contraire, tous les liens moraux sont dissous, quand l'égoïsme veille dans tous les cœurs, quand l'œil de Dieu ne trouve plus un seul juste parmi les hommes, alors LA FORCE EST PROCLAMÉE SAINTE, alors le gouvernement dictatorial est l'unique moyen de salut.

Tout homme de bonne foi qui voudra envisager dans sa hideuse réalité l'état moral de notre société, arrivera promptement aux mêmes conclusions que moi.

Tout homme qui aura l'héroïque courage d'observer dans toute sa largeur et toute sa profondeur le mal qui nous travaille, aboutira bien vite à la même solution que moi.

Découvrons donc la grande plaie sociale, décrivons-en les caractères principaux, et cherchons si, en dehors d'une puissante dictature, il existe un remède capable de la guérir.

IV

Ce qui frappe tout d'abord dans le mal qui, en ce moment, appauvrit les sources de la vie humanitaire, c'est son caractère de généralité. Ce mal, en effet, n'est point localisé, n'est point circonscrit dans telles ou telles provinces, chez tels ou tels peuples : il s'étend partout ; il promène ses ravages de l'Orient à l'Occident ; toutes les nations, tous les peuples, toutes les races en sont atteintes ; le corps humanitaire tout entier en est infesté ; mais de toutes les nations malades, la France est, sans contredit, la plus fortement attaquée. Toutes les puissances de la destruction, toutes les légions de la folie ont établi dans notre malheureux pays leur quartier général. Le foyer du mal est en France ; c'est de là qu'il irradie dans l'univers tout entier ; c'est de là que jaillissent les eaux qui portent jusques aux extrémités du monde les miasmes putrides de la peste morale. Aussi le tableau que je vais faire de l'état moral de la France conviendra-t-il, sauf quelques légères différences, à tous les peuples qu'on appelle civilisés.

Nous assistons, depuis quelques années, à une orgie intellectuelle sans exemple dans l'histoire. La raison humaine, dévoyée, est en pleine révolte contre l'éternelle vérité. Depuis que cette raison a abandonné la foi et la philosophie chrétiennes, elle se précipite avec une frénétique ardeur dans les plus monstrueuses erreurs; au lieu de répandre la lumière autour d'elle, elle crée une nuit de plus en plus profonde; au lieu de construire et d'édifier, elle renverse et détruit; tourmentée par l'esprit du mal, elle attaque audacieusement l'édifice majestueux qui avait jusqu'ici abrité les âmes.

Aucune vérité n'est restée debout. L'idée d'un Dieu, cette clef de voûte de tout ordre social, s'est obscurcie dans l'esprit des masses; l'idée de devoir, ce ciment des sociétés, n'échauffe plus les cœurs ; l'idée de l'immortalité, cette source de tant de consolations et de si douces espérances, ne brille plus sur l'humanité malheureuse.

Le socialisme, cette synthèse de toutes les folies, ce ramassis de toutes les contradictions, ce cri de l'orgueil révolté, est tombé comme un fléau terrible dans le champ de l'intelligence, et a détruit sur son passage toutes les plantes, toutes les fleurs que le christianisme y avait semées.

Le but de la destinée humaine a été méconnu ; les rêveries les plus insensées, les utopies les plus nuageuses ont, sous l'action des apôtres du socialisme, remplacé les plus éclatantes vérités. On a bien encore, il est vrai, parlé quelquefois de devoir aux hommes de notre temps ; mais comme cette idée n'avait plus de base ni de sanction, les hommes l'ont dédaignée, et la recherche d'un bonheur égoïste est devenue leur principale étude.

Combien est profond l'égarement de la raison humaine à notre époque, pour que des doctrines aussi absurdes, aussi stériles que celles de Fourier et de Proudhon aient trouvé de nombreux adeptes et excité d'immenses enthousiasmes!

Ces doctrines, qu'on appelle régénératrices, ne sont-elles pas un brûlant appel aux passions inférieures ? Ont-elles d'autre but que d'exciter la cupidité et d'allumer l'égoïsme? Leur premier mot, à toutes, n'est-il point une infernale malédiction sur le travail de nos pères, sur le passé de l'humanité? Ne nient-elles pas la légitimité de tous les droits acquis ? Ne confondent-elles pas le juste et l'injuste ? Ne coupent-elles pas les ailes à l'espérance, en affirmant le néant après la mort ? Ne bercent-elles pas le genre humain du chimérique espoir de transporter sur la terre la félicité du ciel? Ne veulent-elles pas enfermer l'humanité dans un cercle étroit, où toute spontanéité serait condamnée, où toute grandeur serait flétrie, où le génie même serait regardé comme un crime? Ne veulent-elles pas sacrifier, au nom d'une égalité impossible et injuste, les droits sacrés de la liberté ? Ne méconnaissent-elles pas toutes les lois économiques de la production et de la distribution des richesses ? Ne proclament-elles pas, en face des crimes qui déshonorent l'humanité, l'innocence native de l'homme ? Ne prétendent-elles pas rendre la société responsable de tous les forfaits attribués jusqu'ici à la liberté individuelle ? L'idéal qu'elles poursuivent n'est-il pas de fonder, sur les ruines du monde chrétien, une société athée, panthéistique, matérialiste et anarchique ? Ne prétendent-elles pas arracher l'humanité à ses conditions naturelles d'existence ? N'affirment-elles pas que le travail, qui a été jusqu'ici regardé comme un douloureux effort, peut devenir soudainement un plaisir brûlant ? N'ont-elles pas poussé l'impudence et la folie jusqu'à diviniser les plus sales passions, les goûts les plus dépravés ? N'ont-elles pas nié la légitimité de la propriété et la nécessité d'un gouvernement ? N'ont-elles pas, bravant les enseignements positifs de l'histoire, et étouffant la voix solennelle de la tradition universelle, déversé le ridicule sur les dogmes les plus sublimes de la religion chrétienne ? N'ont-elles point cherché par tous les moyens possibles à remplacer le culte du VRAI, du BEAU et du BON par le culte avilissant du ventre ?

Ces doctrines sont demeurées pendant longtemps dans le domaine de la spéculation, dans les régions de la théorie ; pendant longtemps elles n'eurent d'autres défenseurs, d'autres adeptes que quelques pauvres intelligences dévoyées, que quelques rêveurs habitués à prendre les ombres pour des réalités. Mais bientôt, grâce au scepticisme religieux que nous légua le XVIIIe siècle, elles descendirent peu à peu des hauteurs de l'abstraction dans les foules des cités ; peu à peu, grâce à la grande liberté dont nous jouissions sous l'*odieux tyran* Philippe, elles gagnèrent du terrain ; elles recrutèrent des adeptes, formèrent des centres, établirent des foyers de propagation active dans presque toutes les villes de France, et s'universalisèrent de telle sorte, que, quand éclata la révolution de février, des légions immenses, armées en leur nom, jurèrent de détruire le *vieux monde*, c'est-à-dire la société et la civilisation. A la vue de ces doctrines de destruction, le vieux jacobinisme, ce monstre hideux à la mâchoire ensanglantée, frémit de bonheur dans les repaires où il se tenait caché : il vit là, dans ce monstrueux pêle-mêle de toutes les erreurs et de toutes les folies, un précieux arsenal où il pourrait se ravitailler pendant longtemps et trouver des armes merveilleuses pour la guerre de destruction que, depuis près d'un siècle, il a déclarée aux principes fondamentaux de l'ordre social; aussi se précipita-t-il avec rage sur cette pâture nouvelle, et, après s'en être gloutonnement repu, rôda-t-il nuit et jour autour des murailles de la cité du bien, afin de la surprendre, de s'en emparer, de la dévaster et de la détruire.

Plusieurs fois les innombrables bataillons qu'il commande ont livré dans ces derniers temps des assauts terribles aux grandes et

nobles cités d'où jaillissent à flots les lumières bénies de la civilisation ; mais toujours
vaincus, ils sont rentrés frémissants dans
les antres infernaux d'où ils sortiront encore, si une main de fer ne les tient rude-
ment enchaînés.

Au lieu de diminuer, le nombre des adeptes du jacobinisme-socialiste ne fait que
grandir de plus en plus : il semble que les
flots de sang qu'il a déjà fait couler et qu'il
se promet de faire couler encore exhalent
une odeur qui enivre et change les hommes
en bêtes. Il semble que le drapeau rouge
qu'il agite au sein des populations ait le funeste don de les rendre folles, cruelles, fé-
roces même. Les progrès du mal deviennent
de plus en plus alarmants ; déjà les Lucifers
de l'armée roulante marquent le jour de leur
triomphe et entonnent leurs abominables
chants de victoire.

Le socialisme révolutionnaire étreint la
France comme dans un étau : ses hordes af-
famées hurlent d'impatience dans leurs antres sauvages. Le plan de destruction, de

pillage et d'incendie est dressé. Si la société s'oublie un seul instant, elle est perdue; si la vigilance et l'énergie gouvernementale fléchissent un seul instant dans leur action, c'en est fait de la civilisation, c'en est fait de la liberté, de cette liberté si chèrement conquise par nos pères; si le dévouement s'éteint dans les cœurs, si l'esprit de sacrifice disparaît, si tous les gens de bien ne s'unissent promptement pour tenter avec le Gouvernement un suprême effort, c'en est fait de notre belle et glorieuse patrie, de cette France, autrefois la reine des nations. — Dieu! si la France doit périr, accorde à la brûlante prière du plus humble de ses enfants qu'elle meure sans honte et sans souillure au front!!!

V

Le socialisme est, à coup sûr, le foyer le plus intense de la peste morale qui, en ce moment, flétrit les âmes ; mais il n'est pas le seul.

Le socialisme a pour puissant auxiliaire le voltairianisme. Le voltairianisme est cette philosophie sceptique qui rit de tout, qui se moque de tout, qui se raille de tout, qui fait des calembours sur Dieu, qui daigne appeler Jésus-Christ un grand homme, et qui affiche une haine ridicule contre ce qu'elle nomme les *calotins*.

Cette triste philosophie s'est incarnée dans la bourgeoisie française ; aussi quel douloureux objet d'observation que cette bourgeoisie faite à l'image et ressemblance de Voltaire, son Dieu !

Cette bourgeoisie, élevée par l'Université,

ne reçoit aucune éducation morale et ne reconnaît aucun principe religieux ; elle cache sous un vernis de science une ignorance profonde. Sa vie est toute extérieure. Toute absorbée par la préoccupation des intérêts matériels, les ineffables jouissances de l'intelligence et du cœur lui sont généralement inconnues ; elle est vaniteuse dans ses prétentions, superficielle dans ses jugements, insatiable dans sa cupidité. Sceptique en religion comme en politique, elle professe la morale du négoce, c'est-à-dire le mensonge, et prodigue son encens à une liberté qu'elle ne comprend pas. Ses principales préoccupations sont de gagner de l'argent et de faire de l'opposition au gouvernement qui la protège et qui crée l'ordre autour de ses comptoirs ; elle déteste l'aristocratie, dont elle singe les manières et dont elle voudrait tenir la place, et elle n'aime point le peuple, dont les prétentions l'effraient.

La bourgeoisie rit de tout, excepté du danger que peut courir la *boutique*. Quand la boutique est menacée, elle devient fu rieuse, féroce ; elle chasse la liberté, elle invoque le règne de la force, elle demande à grands cris le despotisme, elle s'agenouille devant les baïonnettes et les sabres ; elle méconnaît, dans sa peur, les principes les plus saints et les plus sacrés ; puis, quand l'orage est calmé, quand la paix est rétablie, quand la prospérité est revenue, elle repousse la main qui l'a sauvée et flétrit du nom de *despote,* de *tyran* celui que, tout à l'heure encore, elle nommait son sauveur.

C'est dans la bourgeoisie que la négation universelle a pris un corps. La bourgeoisie nie tout, excepté la puissance de l'or.

Ainsi, tandis que le socialisme affirme toutes les erreurs, le scepticisme bourgeois doute de toutes les vérités.

Socialisme et voltairianisme, voilà les deux sources de nos maux, voilà les deux plus énergiques agents de la dissolution sociale.

Le virus voltairien s'inocule dans les intelligences par le véhicule de l'Université, et le virus socialiste par le véhicule des sociétés secrètes et des publications anarchiques.

Le socialisme et le voltairianisme, voilà les deux vers attachés au cœur de la France, au cœur de l'humanité tout entière.

C'est du socialisme et du voltairianisme que s'élèvent ces nuages qui font la nuit dans la raison et le froid dans le cœur.

Innombrables sont leurs victimes, innombrables sont les régions qu'ils ont visitées, innombrables sont les âmes qu'ils ont ravagées!

Si au moins, en présence des maux qui nous menacent, une même foi politique réunissait sous un seul drapeau tous les gens de bien, tous les hommes qui aiment Dieu et la Patrie! Mais non.... Le grand parti de l'ordre, le parti de la civilisation qui se recrute dans toutes les classes de la société porte en lui-même un germe de mort; et ce germe de mort, c'est la divergence de points de vue et d'affections politiques, divergence qui le fractionne, le divise et l'affaiblit considérablement.

Tout royaume divisé contre lui-même périra, a dit la Sagesse éternelle ; et le parti de l'ordre est divisé contre lui-même, puisque les orléanistes, les légitimistes, les bonapartistes, les républicains véritablement honnêtes s'y font une guerre continuelle et impitoyable.

Uni, le parti de l'ordre serait une énergique force de résistance et de conservation sociale ; désuni, divisé, il aide lui-même à ouvrir la brèche par où l'ennemi doit passer pour se rendre maître de la place.

Il faut donc ajouter au catalogue de nos maux les divisions malheureuses du parti de l'ordre, qui oublie dans des querelles que Catilina est aux portes de Rome.

Que de choses n'aurais-je point à dire sur l'égoïsme des riches, des riches qui, pour la plupart, oublient trop les devoirs rigoureux et sévères que Dieu a attachés à la possession de la fortune !

La dureté de vos cœurs, riches et heureux de la terre, est pour beaucoup dans le soulèvement des flots populaires.

Soyez dévoués, soyez charitables, travaillez pour donner selon le commandement sublime de saint Paul, et vous verrez cette mer qui menace de briser les barrières, rentrer calme, paisible dans son lit.

L'humanité, sous la rosée du dévouement et du sacrifice, renaît et s'épanouit heureuse comme la fleur sous les larmes du matin.

Riches de la terre, rappelez-vous que vous n'êtes que les économes des pauvres. Si vous oubliez cette vérité, Dieu se chargera de vous la rappeler. Le ciel et la terre passeront, a dit LE FILS DE DIEU ; mais mes paroles ne passeront pas.

La cupidité du pauvre est sans contredit un grand danger pour la société, mais l'égoïsme du riche est un danger plus grand encore.

L'égoïsme du riche, je ne dirai pas justifie, mais excuse jusqu'à un certain point les colères du pauvre qui a faim.

Dans une société matérialisée comme la nôtre, la bête qui a faim rôde autour de la bête repue et assouvie pour la dévorer.

VI

Cet état moral de la France dont je viens de donner un aperçu général exerce, on le comprend facilement, une influence des plus meurtrières sur notre système économique, et paralyse le mouvement scientifique et artistique du XIXe siècle.

Tout le temps que les populations de nos villes et de nos campagnes passent dans les vaines disputes d'une vaine politique, est perdu pour la production; toutes les forces que ces mêmes populations dépensent dans nos guerres intestines sont un vol fait à la fécondité nationale.

La politique soutire les forces destinées au travail, comme la machine pneumatique soutire l'air.

La politique est un vrai vampire qui boit le sang du travail. Aux époques de querelles,

de disputes politiques, la production diminue en intensité et en qualité.

Le calme et la paix sont nécessaires aux
méditations scientifiques. Les bruits du dehors ne doivent point venir troubler les pé-
nibles recherches de l'esprit et détourner la
vue intellectuelle de l'objet qu'elle veut
poursuivre et pénétrer.

Aux époques agitées, on est trop enclin à
préférer à la modeste robe du savant le bril-
lant panache d'une éphémère popularité.
Peu d'hommes alors ont le caractère assez
fortement trempé pour résister aux pres-
santes sollicitations de la renommée et aux
aiguillonnantes excitations de l'ambition.

Les grands travaux scientifiques exigent
de longues vies, et les révolutions dévorent
promptement leurs enfants.

L'air des révolutions est mortel à la
science. Que celui qui doute de cette vérité
regarde autour de lui, et qu'il me dise si la
révolution de Février n'a pas arraché presque tous nos grands savants à leurs travaux
pour les jeter sur le théâtre politique ?

Depuis la révolution de Février, le champ de la science devient de plus en plus désert, de plus en plus aride : à peine si le voyageur qui le parcourt peut y rencontrer quelques modestes plantes.

Si la crise révolutionnaire continue pendant longtemps encore, la végétation scientifique deviendra de plus en plus rare, de plus en plus chétive.

Si l'état moral de la France est funeste à la production économique et à la production scientifique, combien ne doit-il pas l'être davantage à la production artistique?

L'art rayonne sous les chaleurs de l'amour, et la haine resserre tous les cœurs de cette génération.

L'art fleurit dans les inspirations de la foi, et le scepticisme glace toutes les intelligences de cette génération.

L'art s'alimente surtout dans le sentiment religieux, dont sa plus haute manifestation est le catholicisme. Et l'esprit religieux, source de tant d'inspirations sublimes et de créations immortelles, s'éteint de plus en plus dans les âmes de cette génération.

Le but de l'art, de même que sa gloire, c'est de chercher Dieu à travers les formes du monde, et de révéler un éclair de L'IN-FINIE BEAUTÉ. Et les docteurs insensés ne cessent de redire aux hommes de ce temps qu'il n'existe, au-delà des réalités visibles et finies, aucune réalité impalpable, invisible et infinie !

Quand le vent des guerres civiles passe sur la fleur de l'art, il la flétrit et la tue.

Quand au contraire soufflent les brises de la paix, cette fleur s'ouvre amoureusement sur sa tige, et répand sur l'humanité les plus délicieux parfums.

L'art ne germa jamais dans le cœur d'une nation sans dogme politique ou religieux, sans principes fixes, sans morale reconnue et proclamée. La foi est l'atmosphère naturelle de l'art, et le scepticisme ou le vide intellectuel est son tombeau !

VII

Désordre dans les intelligences, révolte de la raison contre Dieu et les lois éternelles de la création, corruption profonde dans les cœurs, abaissement dans les caractères, faiblesse dans les volontés; égoïsme, anarchie, cupidité dans presque toutes les régions de l'ordre social; absence presque générale de foi et de dogme politique, conjuration formidable de toutes les forces de la destruction : voilà l'affreux bilan de nos maux.

D'où nous viendra le remède? Quelle puissance heureuse arrêtera la France sur la pente qu'elle descend avec tant de rapidité? Quelle main choisie du Seigneur viendra purifier les consciences et chasser les ombres qui s'épaississent de plus en plus sur notre pays? Quel vent favorable chassera devant lui les nuages noirs qui menacent de crever sur la France ? Où rencontrer le germe de vie au milieu de ce fumier de corruption qui nous enveloppe ? A quel point du ciel brille l'étoile du salut ? Où trouver enfin la force qui doit nous sauver?

Cette force conservatrice, la trouverons-nous au sein de l'Assemblée Législative ? Non ! Jetons, pour le prouver, un coup d'œil rapide sur cette nombreuse Assemblée.

Jamais je n'ai pénétré dans l'enceinte législative sans éprouver un profond sentiment de douleur et de pitié ! Pour dire de semblables poroles, il faut que mon âme soit profondément attristée. Le cahos primitif dont parlent les poëtes n'offrait pas un tableau de trouble et d'agitation plus complet que notre Assemblée Nationale : tous les éléments y sont en lutte, en lutte et en guerre continuelle ; c'est un affreux pêle-mêle, traversé seulement par les éclairs de la passion. Chacun des membres de cette Assemblée regarde avec suspicion son voisin. Ce n'est point par un motif de foi sérieuse, mais bien seulement par un motif d'ambition personnelle, que les Représentants de la France se passionnent pour telle ou telle cause. Cette Assemblée est stérile comme une lande de Bretagne ; dévastée comme la place où fut Sodome et Gomorrhe. Aucune plante vigoureuse n'est sortie de son sein, aucune parole d'espérance n'a jailli d'elle sur la nation. Eh ! comment en serait-il autrement ? Comment aurait-elle pu édicter de sages lois et créer de vivaces institutions ? A-t-elle une loi morale formulée qui soit la base et la sanction de ses travaux ? A-t-elle un principe politique arrêté ? Ne présente-t-elle pas, au contraire, en religion comme en politique, une image trop réelle, hélas ! de la confusion des langues ? Y a-t-il une seule vérité généralement admise par les membres de cette Assemblée ? Les doctrines n'y sont-elles pas aussi nombreuses que les individus ? J'ai vu passer sur elle les flots de la colère qui divise, et jamais je n'y ai vu reluire les rayons de la charité qui unit. Pas de pensée commune ; pas de lien moral, ou intellectuel, ou reli-

gieux ; point de but marqué, point de défi-
nitions exactes ; point d'apparence de vie ;
point de végétation, si humble qu'elle soit ;
la mort, rien que la mort ! Des cadavres à
côté des cadavres, voilà ce que j'ai vu dans
l'enceinte du palais législatif. Quand j'entre
dans ce palais, j'éprouve la tristesse d'un
voyageur arrivant dans un cimetière; quand
mon regard se repose sur M. Dupin, son
président, je crois voir une orfraie veillant
sur un ossuaire.

Ce tableau est-il exagéré ? Cette peinture
est-elle au-dessus de la vérité ? Ai-je capri-
cieusement forcé mes couleurs ? Ai-je subi
les entraînements d'une imagination mala-
dive et inquiète ? Non ! je ne crains qu'une
chose, c'est d'avoir été trop modéré.

Cependant, pour justifier le jugement que
je viens de porter sur l'Assemblée législative, je crois utile d'entrer dans quelques
détails.

Ami lecteur, suis-moi, je t'en prie, au
palais Bourbon, et étudie un instant les élé-

ments divers qui s'entrechoquent sans se mélanger jamais dans ce vaste cahos.

Là bas, à l'extrême droite, s'agite le parti légitimiste pur ; ce parti porte inscrit sur son drapeau mollement agité ces deux mots : LE DROIT DIVIN.

Ce symbole est un mystère.

Le parti légitimiste prend un fait pour un principe. De ce que les Bourbons ont régné pendant des siècles, les légitimistes concluent qu'ils doivent régner toujours. Cette conclusion est digne de l'école matérialiste.

Le droit divin n'a pas de bases. Le droit divin n'a pas de sanction. Où serait en effet cette base, si elle n'était dans la nation ? Où serait cette sanction, si elle n'était dans le droit national ? Mais les légitimistes purs ne reconnaissent à la nation aucun droit, excepté celui de se soumettre humblement à leur idole.

La légitimité n'est point chose organique dans une nation ; ce qui est organique, c'est la pérennité du pouvoir.

Le drapeau du droit divin est tenu par M. Berryer, bourgeois parvenu, qui doit sa renommée beaucoup plus à l'harmonie de son organe et à son opposition au dernier règne, qu'à la fécondité de son talent.

L'éloquence de M. Berryer est un rayon affaibli de l'éloquence de Châteaubriand.

Il est suivi de quelques jeunes chevaliers qui prennent pour des réalités leurs gothiques illusions, et qui étudient la philosophie de l'humanité dans les salons des comtesses du faubourg Saint-Germain.

Un peu plus bas, j'aperçois une autre fraction du parti légitimiste.

Cette fraction veut en politique ce que M. Cousin a voulu en philosophie, c'est-à-dire l'éclectisme ; elle a voulu harmoniser deux principes qui s'excluent : le droit d'une race avec le droit national.

De deux choses l'une : ou la nation est souveraine, ou elle ne l'est pas. Si elle est souveraine, point de droit qui n'émane de sa volonté ; si elle ne l'est pas, M. Berryer a raison, et ce néolégitimisme a tort.

Le néolégitimisme a pour chef le Breton la Rochejaquelein , dont les doctrines viennent d'être condamnées au concile de Wiesbaden.

On sent que les oripeaux de la légitimité pèsent à M. de la Rochejaquelein ; sa raison l'entraîne d'un côté, tandis que ses affections et ses traditions de famille l'entraînent d'un autre.

Tout le parti légitimiste, composé cependant d'hommes honorables, a presque toujours commis l'immense faute de s'unir, dans nos luttes politiques, au parti jacobin.

Cette union, un instant brisée, se reforme en ce moment.

Nous ne qualifierons pas cette union , nous laissons ce soin à la conscience publique.

Immédiatement après les légitimistes, viennent les orléanistes. Ceux-ci reconnaissent bien la souveraineté nationale, mais ils a scindent en deux : ils excluent une partie de la nation du banquet politique.

Sur quoi fondent-ils cette exclusion ? Est-ce sur un principe moral ? non ; c'est sur l'intérêt et la fortune !

Ce parti descend en ligne directe de l'école matérialiste du xviiie siècle. Il est sceptique comme Voltaire, matérialiste comme Diderot. Il n'a pas de dogme politique, et pour lui la religion n'est qu'un instrument gouvernemental.

C'est ce parti qui, pendant dix-huit ans, a infiltré la corruption dans les veines de la France ; c'est lui qui a empoisonné les sources de la vie nationale ; c'est lui qui a établi le culte du veau d'or ; c'est lui qui a proclamé la sainteté de la jouissance ; c'est lui qui a empoisonné les eaux de l'instruction publique ; c'est lui qui a préféré une paix honteuse et dégradante pour notre patrie, aux éventualités d'une guerre honorable ; c'est lui qui a humilié la France au dehors et qui l'a corrompue au dedans ; c'est lui qui, par son Université, a fait le vide dans les âmes de notre génération, vide que le socialisme est venu remplir ; c'est lui enfin que la France, un instant dégoûtée, a vomi dans les trois jours de Février.

En tête de ce parti nombreux, trop nombreux, grimace M. Thiers.

Ce qui me fait croire à une résurrection prochaine de la France, ce qui me fait penser que toute vie morale n'est pas encore éteinte dans son sein, c'est la haine qu'elle éprouve pour ce vaniteux diplomate.

M. Thiers est un despote, et il n'a pas le droit de l'être, car il ne poursuit aucun but de régénération sociale ; il demande l'ordre dans la rue, et il crée le désordre dans les esprits. C'est un païen qu'une miraculeuse transformation sociale, s'opérant sous l'influence chrétienne, ne convertirait pas. M. Thiers est un rhéteur sans entrailles, qui appellerait du nom de *socialiste* un nouveau saint Vincent-de-Paul.

M. Thiers est l'adorateur de la force pour la force.

Les livres de M. Thiers ressemblent à ces dahlias dont les couleurs éblouissent, mais qui ne répandent pas de parfums ; j'aime mieux les violettes qui, en se cachant, embaument le voyageur qui passe.

A côté de lui se pressent les Faucher, les Molé, les Odilon Barrot, les Dupin et autres.

Toute cette pléïade de diplomates, d'avo- cats et d'économistes n'a pas plus de foi dans l'âme que de chaleur dans le cœur.

Ils cherchent à reprendre en main les rê- nes du Gouvernement, afin d'achever la matérialisation de la France. Dieu, je l'es- père, nous préservera d'un tel malheur !

Que dirai-je du parti Montalembert? Je suis catholique, et ma religion n'est point celle de l'ex-pair de France.

M. de Montalembert assigne une borne à l'influence chrétienne ; il ne veut pas croire que le christianisme doive s'incarner dans les institutions sociales. Le christianisme qu'il professe est un christianisme mysti- que : il demande tout à l'homme et rien à la société ; il considère le pouvoir seulement comme une force opprimante et non comme une force moralisante ; il reconnaît bien et réclame vivement les droits de l'autorité, mais il en méconnaît trop souvent les de- voirs ; il laisse tout le fardeau à la charité privée et n'admet pas de charité sociale.

M. de Montalembert vogue sur le même radeau politique que M. Thiers; c'est dire assez qu'il penche vers l'orléanisme.

Les monarchistes bourgeois ou constitutionnels sont animés d'une haine profonde contre les légitimistes dont nous avons parlé plus haut.

Des intérêts communs menacés ont bien réuni un instant ces deux fractions de l'Assemblée Législative; mais quand l'orage est passé, quand le tonnerre socialiste cesse de gronder, les haines politiques recommencent, et on se dispute une proie qu'on ne tient pas encore.

Les deux partis s'observent avec une jalouse inquiétude; chacun d'eux redoute l'initiative de l'autre; les récriminations, les retours vers le passé, les insultes, les colères, tout recommence.

Il y a coalition pour résister à un certain mal, mais il n'y a pas union pour créer le bien, et cette union n'existera jamais !

Au milieu des bancs de la droite errent

encore, comme des ombres vaines, des Représentants jouets éternels de tous les flots contraires.

Ces hommes sans idées, sans principes, sans volonté, attendent pour se mouvoir qu'un choc extérieur les soulève.

Pétrifiés à leur place, ils attendent le galvanisme de la colère pour s'agiter un instant.

Ce sont des feuilles sèches que la première vague venue entraînera dans le gouffre de l'oubli.

Mais quels hurlements affreux viennent frapper mes oreilles ? D'où partent ces vociférations qui se croisent dans l'air ? De quel antre maudit jaillissent ces sombres malédictions qui glacent l'âme d'épouvante ? D'où viennent ces menaces contre la société et la civilisation ? D'où s'élancent ces blasphèmes contre Dieu, la religion et la morale?

Où suis-je? Dans quel antre affreux suis-je tombé? Sont-ce des hommes que j'entends, ou des bêtes sauvages? Sont-ce des législateurs que je vois, ou bien n'est-ce pas plutôt l'armée de Lucifer conjurée contre Dieu?

Ce volcan qui mugit s'appelle la *Montagne!*

Mais quelle montagne ! Ce n'est point une montagnè aux flancs verdoyants et aux frais ombrages ; aucune brise ne la visite, aucune fleur ne s'y épanouit, aucune plante n'y puise sa vie, aucune source n'en découle, aucun troupeau ne l'enrichit.

La Montagne du palais législatif est semée d'âpres rochers qui n'ont pas même une mousse à leurs pieds ; le voyageur n'y entend que les éclats de la foudre et n'y voit que des nuages noirs chargés de tempêtes.

Cette Montagne est agitée par l'ESPRIT de la destruction, et non par l'esprit de vie. Les hommes qui errent dans ce désert aride et qui habitent ces régions désolées n'aspirent qu'à descendre un jour dans la vallée sociale afin d'en détruire les demeures, d'en effrayer les paisibles possesseurs, et de rire sur les ruines qu'ils auront amoncelées autour d'eux.

La *Montagne,* c'est le quartier général de Satan.

Que veulent-ils, ces Montagnards ? Ne veulent-ils pas établir une société matérialiste, panthéistique ou athée? Ne divinisent-ils pas toutes les passions? N'excitent-ils pas toutes les convoitises? Ne chatouillent-ils pas toutes les vanités? Ne proclament-ils pas la religion du ventre? Ne détruisent-ils pas toutes les espérances qui consolaient nos pères dans les rudes épreuves de la vie? Dieu, pour eux, n'est-il pas un despote qu'il faut détrôner et dont il faut bannir l'idée chez les hommes? Pour eux, la religion n'est-elle pas un honteux ramassis de superstitions qu'il faut rejeter avec dédain?

Ne veulent-ils pas, brisant tous les droits acquis, établir l'ignoble communauté de la gamelle? Ne veulent-ils pas, sous les voiles d'une philanthropie menteuse, jeter la fortune publique à leurs séides affamés?

Ne flétrissent-ils pas de leur bave impure toutes les traditions de l'humanité? Ne promettent-ils pas aux travailleurs qu'ils trompent et qu'ils exploitent un temps rapproché où la dure nécessité d'un labeur incessant disparaîtra, et où l'humanité sera affranchie des dures lois de son existence?

Au lieu de prêcher la résignation et la vertu, ne remuent-ils pas au fond des âmes la boue des appétits les plus bas ?

Ne prêchent-ils pas la liberté, pour la détruire s'ils étaient assez puissants ?

La réflexion, l'étude, la méditation, le travail ont-ils jamais éclairé ces cerveaux troublés ? Ils vivent dans une nuit intellectuelle profonde, et ils abhorrent les lumières qui viennent du ciel. Ils flétrissent cette grande charité chrétienne, qui relie Dieu à l'homme et les hommes entre eux. Ils souillent l'aumône parce qu'ils n'en ont jamais compris le saint caractère.

Pour eux, l'âme, avec ses besoins insatiables de science et de foi religieuse, n'existe pas. Ils ne voient rien que le corps, rien que la matière.

Que leur importe à eux que l'homme quitte la terre, abandonne les formes, délaisse les superficies et s'élance par delà les mondes finis jusqu'à cette essence suprême, principe et fin de toutes choses, source de toute vie et foyer de toute lumière ! Le scepticisme, ce monstre hideux, les tient courbés à la terre.

La propriété, ce puissant stimulant, cette énergique force de projection vers la civilisation, ils n'aspirent qu'à la détruire. Pour arriver à ce but, ils l'appellent un vol !

Cette autre force qu'on appelle le pouvoir, et qui crée l'ordre dans le chaos, ils veulent l'anéantir et proclamer le règne de l'anarchie.

Pas de Dieu au ciel, pas d'autorité sur la terre, pas plus dans les nations que dans les familles, voilà ce que demandent les Montagnards !

Les impudents ! Ils inscrivent sur leur drapeau ces trois mots sacrés : *Liberté, Égalité, Fraternité.*

La liberté qu'ils demandent, c'est la liberté de la destruction ; l'égalité qu'ils prêchent, ce n'est point cette égalité sainte qui naît de la vertu et de la religion, c'est l'ignoble égalité de la jouissance dans la fainéantise ; et la fraternité qu'ils appellent, c'est celle des brigands qui se partagent également les dépouilles du voyageur assassiné, c'est celle qui se repaît de sang et de victimes.

Si le tableau que je viens de tracer est exact, la France n'a rien à attendre des législateurs *montagnards*. Au contraire, elle a tout à craindre de leurs fureurs et de leurs passions. Au lieu d'être une espérance, la *Montagne* est le plus terrible danger qui menace la patrie.

La colère n'enfante point l'amour, et l'amour est la sève des sociétés.

La folie n'engendre point la sagesse.

L'égoïsme n'enfante point le dévouement.

L'ignorance ne crée pas la lumière.

La mort ne produit pas la vie.

Il y a bien encore dans l'enceinte du palais législatif un parti républicain bourgeois, qui a tous les défauts de l'orléanisme auquel il a longtemps fait la guerre, sans avoir une seule de ses qualités. Ce parti, dit du *National*, est composé d'une cohue d'intrigants, qui ont toute la perversité des *montagnards* sans en avoir le courage.

Les hommes du *National* sont sceptiques, méchants, rachitiques, envieux, cupides et laids. Ils sont capables de tout pour satisfaire leur ambition. Ils sont jaloux de tout ce qui s'élève et grandit ; ce sont *d'affreux petits rhéteurs*, qui encensent la liberté qu'ils n'aiment pas, et qui flattent le peuple qu'ils n'aiment pas davantage. Les juifs dominent dans ce parti ; c'est peut-être pour cela qu'il a voué une haine si profonde à la religion chrétienne.

Un jour ils apparurent au pouvoir ; ils s'installèrent en maîtres dans toutes les administrations, dans tous les ministères et dans toutes les préfectures de la République. Ils enveloppèrent la France comme dans un réseau, après avoir repoussé dédaigneusement les *Montagnards* qui leur avaient servi de marche-pied. Que firent-ils au pouvoir ? quelles institutions de crédit fondèrent-ils ? quelle réforme sage et sérieuse opérèrent-ils dans les administrations ? quels grands législateurs produisirent-ils ?

Se montrèrent-ils du moins avares des deniers publics ? Dédaignèrent-ils l'or auquel ils avaient tant fait la guerre ? Ces puritains hypocrites vécurent-ils de brouet noir durant le temps de leur puissance ?

Demandez-le à la France, demandez-le aux contribuables !

Ces menteurs impudents n'affectèrent-ils pas, pendant leur court séjour aux affaires, les goûts et les formes des grands seigneurs tant méprisés par eux ?

Leur journal ne devint-il pas plus pâle, plus décoloré, plus systématique, plus doctrinaire, plus voltairien, plus ministériel que le journal des *Débats* ne l'avait été ? Ne bafouait-il pas le socialisme ? Ne ridiculisait-il pas Pierre Leroux ? N'appelait-il pas Proudhon un Cartouche, un Mandrin, un scélérat, un monstre, un fou ?

Ce parti ne jetait-il pas Barbès, Blanqui, Sobrier et Raspail dans le donjon de Vincennes ?

Ce parti est à jamais maudit ; car il est tombé dans les flots de sang de la formidable insurrection de juin ; de cette insurrection qui s'était préparée sous son inspiration peut-être, et qu'il vit éclater avec bonheur, croyant trouver en elle l'heureuse occasion d'éterniser sa puissance.

Que fait-il, maintenant qu'il a été chassé honteusement des hautes régions administratives ? Ce qu'il fait? Il s'humilie, il s'abaisse, il flatte ceux qu'il appelait naguère des démagogues, des anarchistes et des communistes. Il supplie à deux genoux, il se courbe, il se traîne la corde au cou, il se frappe la poitrine et demande pardon à ceux qu'il a fait mitrailler.

Il mendie une seconde fois sa popularité perdue, il chante avec ardeur tous les airs de la démagogie la plus échevelée. Pierre Leroux maintenant est un profond philosophe dont les doctrines méritent une sérieuse attention. Proudhon n'est plus un scélérat, mais un économiste de premier ordre. Considérant n'est plus un fou, mais un hardi pionnier dans la route de l'avenir. Barbès n'est plus un anarchiste fougueux, mais une noble victime qui expie dans les fers son trop grand dévouement à la patrie. Le socialisme enfin n'est plus un honteux ramassis de contradictions et de folies, mais bien la science de l'avenir et le moyen de la régénération sociale.

Ce parti veut reprendre par la flatterie une puissance qu'il a perdue dans le sang.

Que peuvent faire, je le demande, pour le salut de la patrie, les Marrast, les Goudchaux, les Crémieux, les Dupont (de Bussac), les Charras et tous les avocassiers de cette armée roulante !

Arrière ! cœurs secs ! Intelligences décrépites, voltairiens sans entrailles, ambitieux mesquins, vaniteux sans courage, bavards sans talent, républicains sans vertu, écrivailleurs sans vergogne, arrière ! Reprenez vos plumes de pamphlétaires, et tâchez de gagner votre vie en exploitant le scandale. La France ne veut pas de vous, parce que vous n'êtes rien, parce que vous ne croyez à rien, parce que vous ne voulez rien, parce que vous êtes l'expression même du scepticisme politique et religieux.

On juge l'arbre à ses fruits, et vous êtes jugés ! L'aristocratie vous méprise, la bourgeoisie vous craint, la démocratie vous suspecte, et le peuple vous hait!

Tels sont les éléments divers qui composent l'Assemblée Législative. Avais-je raison de dire en commençant que cette Assemblée n'était qu'un vaste chaos où s'entrechoquent mille principes contraires? Avais-je raison de dire que, manquant d'unité de vues et de but, cette Assemblée était impuissante à créer l'ordre dans les intelligences et dans les faits? Avais-je raison de dire que les forces opposées se neutralisaient dans cette Assemblée et n'aboutissaient qu'à une négation? Avais-je raison de dire que cette Assemblée était menacée d'une prochaine et inévitable dissolution? Avais-je raison enfin de dire qu'elle ne portait point en elle le salut de la patrie? Lecteur, réfléchis et juge!

Il y a cependant, dans le sein du palais législatif, une petite réunion de Représentants qui entretiennent le feu sacré qui doit réchauffer les membres engourdis de notre pauvre société malade; je veux parler de la jeune école catholique.

Cette école possède un dogme politique, social et religieux. Son dogme politique, c'est une république chrétienne ; son dogme social, c'est la charité évangélique ; son dogme religieux, c'est le symbole des apôtres.

Tous les hommes de cette école communient donc dans un même principe régénérateur, acceptent une même morale, poursuivent le même but, et partagent les mêmes espérances. Seuls ils sont capables de créer une législation uniforme, car seuls ils ont un principe. Seuls ils sont capables de régénérer l'enseignement public, car seuls ils professent une science morale véritablement digne de ce nom. Seuls ils peuvent définir et fixer les devoirs des riches envers les pauvres, et réciproquement les devoirs des pauvres envers les riches, car seuls ils marchent à la lumière de l'éternelle sagesse.

Là est la vie, car là est la vérité.

Là est la voie, car là est l'unité.

Là est le bonheur, car là est l'espérance.

Hélas ! les efforts nombreux de ces catholiques dévoués ont été jusqu'ici paralysés par toutes les passions coalisées contre eux.

VIII

*Levavi oculos meos in montes, undè ve-
niet auxilium mihi :* J'ai levé les yeux vers
les hauteurs, et j'ai cherché d'où viendrait
le secours.

J'ai regardé autour de moi, et je n'ai vu
partout qu'une vaste dissolution.

D'où viendra le salut? D'où émergera la
puissance qui doit mettre un terme à l'orgie
révolutionnaire et foudroyer le génie de la
destruction?

Il faut, pour arrêter la décadence de la
France, que du sein de la nation un homme
s'élance et s'empare vigoureusement du ti-
mon des affaires.

Dans toutes les époques malheureuses de
notre histoire, la Providence nous a toujours
suscité des sauveurs. Indignée à la vue de

nos crimes, nous aurait-elle abandonnés entièrement ? Non !

Un jour, c'était le dix décembre, la France fatiguée de l'anarchie révolutionnaire se recueillit solennellement en elle-même, évoqua les uns après les autres tous ses souvenirs de gloire, et, sous l'œil de Dieu qui l'agitait et qui l'inspirait, elle demanda son salut au nom qui déjà l'avait sauvée. Le nom de Napoléon fut redit par tous les échos de la patrie. Ce nom magique ranima toutes les espérances affaiblies et raffermit les courages qui chancelaient. Ce fut la joie au front que la France entière s'ébranla pour porter dans l'urne électorale ce nom providentiel.

Ce jour-là, la France tout entière communia dans un même principe et dans une même idée de conservation nationale; les populations des villes et des campagnes s'arrachèrent à leurs travaux, se rassemblèrent en grandes foules et poussèrent spontanément le même cri.

Jamais l'action de la providence ne fut

plus frappante qu'à cette mémorable époque. Toutes les puissances du mal étaient liguées pour comprimer, pour paralyser ou détourner de son but l'élan patriotique de la France; mais une main invisible conduisait le peuple ému, et chassait les ombres démagogiques qui voulaient obscurcir la lumière sous les rayons de laquelle il marchait.

La date du dix décembre est une des plus grandes dates de l'histoire de notre pays.

L'élection du dix décembre a été l'acte de foi le plus profond, le plus général, le plus vaste, le plus sublime des sociétés modernes.

Une nation qui s'avance unie dans une même communauté de pensée, dans une même espérance d'avenir, ne se trompe jamais. C'est alors seulement qu'on a pu dire avec vérité que *la voix du peuple, c'est la voix de Dieu!*

Ce vœu simultané, parti des entrailles d'un peuple, est l'expression la plus complète du droit divin.

Louis-Napoléon a donc été enfanté prince *(princeps)* par la France. Les Gaulois l'ont porté sur le pavois, il est leur chef légitime ; je n'en connais pas d'autre ; c'est donc à lui que je vais demander le salut de la France.

Maintenant, quels sont les caractères, ou plutôt quel est l'esprit de l'élection du dix décembre ?

Cette élection fut premièrement une protestation énergique contre l'abaissement de la France et son humiliation sous le règne corrompu de Louis-Philippe. La France ! elle souffrait dans sa gloire, eten proclamant Napoléon elle indiquait assez qu'elle voulait reprendre son rang parmi les nations.

L'élection du dix décembre fut, en second lieu, une protestation non moins énergique contre la *constitution* bâtarde que les républicains de la veille venaient de donner à la France. Cette *constitution* était faite contre Napoléon ; mais le peuple, à la ratification duquel elle n'avait point été soumise, la brisa et la flétrit par l'unanimité de sa proclamation.

Elle fut, troisièmement, la revendication vigoureuse des droits de l'autorité, et un défi jeté à l'esprit de désordre et d'anarchie.

Le prince Louis - Napoléon Bonaparte, l'élu de la nation, a-t-il ainsi compris le mandat qu'il avait reçu? Tout nous porte à croire que Oui. En effet, depuis qu'il est au pouvoir, il a, malgré les liens qui l'étreignaient et les forces qui paralysaient la sienne, revendiqué hautement les droits de l'autorité et repoussé dans ses repaires la démagogie sanglante. Il a créé dans le pays l'ordre et la paix, et n'a jamais négligé les heureuses occasions de faire prévaloir dans les relations extérieures la prépondérance légitime et trop longtemps oubliée de la République française.

Digne enfant de la patrie, il a essayé avec une persévérante fermeté d'appeler, de réunir sous un même drapeau d'ordre et de justice les partis qui divisent la France et qui se disputent sa possession. Un instant même, chose à jamais remarquable, il a bien voulu, dans sa sublime abnégation, subordonner ses pouvoirs à ceux de l'Assemblée Législative, espérant encore que de son sein jailliraient quelques patriotiques inspirations. Hélas ! ! ! ...

Il a, ce qui prouve une haute maturité de caractère, préféré à une vaine popularité, si facile à acquérir, une gloire solide et durable.

Ce qui m'a fait croire à sa vertu et à son patriotisme désintéressé, ce sont les calomnies sans nombre qui sont tombées sur son nom, ce sont les haines multipliées qui se sont dressées sur sa route.

. . . .

. . . .

Mais la mission qu'il a reçue du peuple et de Dieu est-elle accomplie ? Non !

L'état moral de la France, dont nous avons donné un aperçu rapide, exige impérieusement que le prince Napoléon entre dans toute la vérité de son mandat.

Il faut que son action devienne de plus en plus énergique, de plus en plus permanente, de plus en plus dictatoriale.

Il faut que d'une main il tienne le glaive de la justice, et de l'autre le soc qui féconde.

Il faut qu'il soit la force qui unit et la force qui crée, la force qui conserve et la force qui progresse.

Il faut qu'il se hâte de renouer tous les fils brisés, tous les liens dissous de notre société malheureuse.

Il faut qu'il brise sur sa route tous les obstacles qui voudraient s'opposer à l'entière exécution de sa mission.

Il faut qu'il foudroie l'anarchie d'en haut et l'anarchie d'en bas.

Il faut qu'il prenne le pouvoir sur des partis et sur une constitution qui le lui disputent lambeaux par lambeaux.

Enveloppé de la majesté du peuple, fort de votre droit, hâtez-vous, prince, d'imposer silence à tous ces partis dont l'ambition déchire le sein de la patrie. La France, en vous nommant unanimement son chef, a témoigné assez haut de son désir brûlant de voir tomber tous les drapeaux de guerre civile. Quels sont donc les insensés qui veulent aujourd'hui méconnaître ce désir ?

Ne permettez pas, prince, qu'on puisse plus longtemps prendre votre longanimité pour de l'impuissance ou de l'inintelligence.

Votre élection, prince, est la répudiation énergique de trois partis : 1° des républicains de la veille, 2° des orléanistes, 3° et des légitimistes. Ne pas les réduire au silence, ce serait méconnaître le vœu de la France. Vous les avez patriotiquement, chrétiennement appelés à concourir au grand œuvre pour lequel vous aviez reçu mission ; ils ont été sourds à votre voix, ils sont sourds à la voix de la France. Plus de merci maintenant : il faut que ces fruits amers de nos révolutions disparaissent ; ainsi le veut l'élection du dix décembre.

Va, prince, va où t'appellent tes hautes destinées, va où t'appelle le salut de la patrie, va où t'appelle le vœu de six millions d'hommes !

Le but à poursuivre est indiqué par l'origine même de votre pouvoir.

Que veut ce peuple qui vous a enfanté au gouvernement ? Ce qu'il veut, c'est du calme pour le présent et de la sécurité pour l'avenir. Ce qu'il veut, c'est qu'une grande partie des forces nationales qui s'usent dans des luttes stériles soient promptement rappelées à leur destination providentielle, qui est la production, la création de la richesse et du bien-être. Ce qu'il veut, c'est que ses enfants ne soient plus empestés par les monstrueuses doctrines qui éteignent en eux tous les nobles sentiments, et qui surexcitent toutes leurs passions inférieures. Ce qu'il veut, c'est que les sources de l'enseignement soient purifiées, renouvelées, christianisées. Ce qu'il veut, c'est que la moralisation qui naît de la pratique de la religion remplace peu à peu cet épouvantable égoïsme qui glace tous les cœurs de cette génération. Ce qu'il veut, c'est que les sublimes préceptes du catholicisme reprennent tout leur empire et toute leur autorité sur les intelligences , s'incarnent progressivement dans nos lois, dans nos institutions, et spiritualisent notre matérialiste civilisation. Ce qu'il veut, c'est que l'esprit de charité chrétienne, source de toute vie, de tout progrès, de tout épanouissement scientifique et artistisque, vienne réchauffer cette société qui s'acharne à prendre l'ombre pour la réalité, l'apparence pour l'essence, la terre pour le ciel. Ce qu'il veut, c'est que vous chassiez loin de vos conseils ces vieux diplomates usés dans le mensonge, ces *grands* politiques qui ont signé toutes nos hontes et qui ont préparé tous nos maux. Ce qu'il veut, c'est que vous recherchiez la jeunesse, la science, la vertu, le dévouement et le sacrifice dans ceux que vous appelez à partager vos travaux administratifs. Ce qu'il veut, c'est que les sources du crédit soient ouvertes aux travailleurs des villes et des campagnes. Ce qu'il veut, c'est qu'en tuant les partis politiques qui nous poussent à la honte et à l'anarchie, vous n'oubliiez pas de faire une terrible guerre à ces monstres hideux qu'on appelle USURIERS, et qui s'engraissent du plus pur sang des travailleurs.

Ce qu'il veut, c'est que vous résolviez promptement le difficile problème de faire de grandes choses avec peu d'argent. Ce qu'il veut enfin, c'est que vous soyez le maître, et non l'instrument.

Prince, vous avez déjà fait de grandes choses; mais vous êtes à peine au commencement de votre œuvre. Vous êtes appelé à présider une sublime rénovation sociale ou à disparaître dans un affreux abîme.

La seule force de conservation et de salut est en vous; partout ailleurs, je ne vois que division, que lutte, que haine, qu'hypocrisie, que mensonge, qu'ambition, que vanité.

En marchant hardiment à la restauration du pouvoir politique et religieux, en dédaignant l'injure et la haine, vous avez plus fait pour le bonheur et pour la gloire de la patrie, que si vous aviez, continuant d'immortels exploits, remporté mille victoires sur les ennemis de la France.

BARNABÉ-CHAUVELOT.

Impr. Henri et Charles Noblet, rue St-Dominique-St-G., 56.